Aias

*Ich verlief
mein Herz
im Dornengarten*

Die Deutsche Nationalbibliothek verzeichnet diese Publikation
in der Deutschen Nationalbibliografie;
detaillierte bibliografische Daten sind im Internet über
http://dnb.dnb.de abrufbar.

Herstellung und Verlag: BoD – Books on Demand, Norderstedt
ISBN: 978-3-7322-9117-5

Ich verlief mein Herz im Dornengarten

Erster Teil

Seit dem ersten Moment an, an dem ich dich sah, ging ein Licht in meinem Leben auf. Alles hat sich verändert. Tief in meinem Innersten, wurden zum ersten Mal Gefühle in mir geweckt, die ich nie zuvor verspürt habe. Diese Gefühle, waren mir bisher fremd. Ich glaube ich habe in Gedichten von ihnen gelesen. Ich glaube, es waren die Gefühle der wahren Liebe. Doch nur Liebe auf den ersten Blick, ist wahre Liebe.

Als du das erste Mal deinen Blick in meine Richtung gewendet hast, wurde ich wie vom hellen Blitze getroffen. Ein Strom seltsamer Gefühle durchfloss meinen Körper. Plötzlich höre ich die Vögel singen, und sehe die Sonne scheinen. Ich bin begeistert, von dem Duft der Natur, und von ihrer Vielfalt geblendet. Die Menschen, sie rennen ihren alltäglichen Aufgaben nach, ohne eine echte Verwendung in ihnen zu finden.

Meine Seele ist gefangen, in dieser Welt ohne Frieden und Hoffnung. Ich habe das Gefühl, in einem Raum, der der Dunkelheit zum Opfer gefallen ist, ein Licht zu suchen. Als ich dich sah, hatte ich das Gefühl, es endlich gefunden zu haben.

Alles was ich sage kommt von meiner Seele, und ist für dich bestimmt. Ich habe Angst dich zu beschreiben, da es kein Wort in irgendeiner Sprache gibt, das dazu bestimmt wäre, dich zu beschreiben. Sie wären alle nahezu beleidigend.

Das einzige was ich auf dieser Welt habe, ist die Hoffnung. Die Hoffnung danach, eines Tages ein Teil von dir zu sein. Meine Zeit mit dir, Seite an Seite zu verbringen.

Wie kann es nur Glück auf dieser Welt geben, wenn du nicht dazugehörst. Ich begnüge mich mit Hoffnung, die mich zugleich quält weil das Erhoffte nicht eintritt. Du hast eine Trennlinie in meinem Leben verursacht und seither musst du drin vorkommen. Wenn es dich nicht gäbe, so möcht ich auch nicht sein.

Liebste Lydia, wie sehne ich mich nur nach dir. Deiner Nähe, deines Blickes und deiner Stimme. Glücklichster Diener Gottes würd ich sein, wenn du jetzt bei mir wärst. Erstarren könnte ich bei solch schönem Anblick.

Ich bin voller Kraft dich zu gewinnen, und wenn dein Herz aus hartem Steine wär, so würd es sich in ein geschmeidig wandeln. Wie die Rose, die mir im Herzen blüht.

Dein Äußeres, deine Person, du selbst, bezauberst mich ins Tiefste und führst mich in die schönsten Regionen der Welt, ohne es zu wissen. Ich verspüre eine geschmeidige Wärme um mein Herz herum, weil du meinen Sinn des Sehens erweckst und mich überall die schönsten Dinge sehen lässt.

Ich gebe dir die Schuld, dass ich eigenständig nicht zu Handeln vermag. Deine Nähe schafft eine Hülle um mich, in der ich durch die Lüfte schwebe, frei von jeder Sorge bin. Wie ein Vogel der seine Flügel durch die Lüfte schwingt, und seine Lieder singt, um allen anderen seine Botschaft zu verkünden, dass er ein Teil dieser schönen Natur ist.

Ich bin nicht frei. Meine Freiheit ist an deine mich umhüllende Nähe gebunden. Mein Geist und meine Seele sind ein Teil von deiner Nähe, oder, sie ist ein Teil von ihnen.

Ich bin wie eine Rose in deinem Garten. Wenn du ihr kein Wasser schenkst, fängt sie an zu trocknen. Mit jedem Tag ihrer kurzen Beständigkeit, verliert sie mehr von ihrer einzigartigen Farbe, und gewinnt an Trockenheit, die sie wie ein dunkler Schatten der Sonne fernhält, und ihr die letzten Tage, die ihr verbleiben, so qualvoll wie nur möglich gestaltet. Mit jedem Tag verliert sie ein Blatt, ihr Duft schwindet. Der Tag kommt, an dem sie zugrunde geht. Das letzte Blättlein hängt wie am seidnen Faden. Sie kämpft mit letzter Kraft um ihre Existenz. Sie, die nicht sprechen kann, möchte sagen, und die nicht hören kann, möchte von dir hören: Ich liebe dich.

Siehst du denn nicht, wie weit es aufgrund deiner Unachtsamkeit kommen kann? Hast du keine Einsicht, dass du es verhindern kannst? Gestehst du ihr nicht deine Liebe, so wird sie im ewigen Unwissen vergehen.

Ich versteck' die Liebe in meinem Herzen, so wie ich die Tränen meiner Augen vor dir verberge. Willst du mich ein Leben lang verkennen? Soll ich mich vom Gifte ernähren, anstatt von deiner Liebe trunken zu sein.

Wär' es ein Verbrechen dich mit meinen, sich nach dir sehnenden Lippen, so wie sich die Nacht nach dem Monde sehnt, zu küssen.

Sag, soll mir der Moment zum Verhängnis werden, als ich dich das erste mal mit meinen Augen sah.

Merkst du nicht, wie ich mich verändere, sobald du in meiner Nähe bist. Wär's für dich denn so schwer, mir die Hand zu reichen und mich aus der Verzweiflung zu ziehn.

Sind dir meine Gefühle von keiner Bedeutung? Jugend prägt die Schönheit, doch man ist nicht ewig jung. Muss ich ewig meine Liebe im Herzen verschlossen halten sowie von ihr zu schreiben, anstatt sie in deine zarte Hand zu legen.

Es ist der Frühling, der nach dir mir duftet. Der, der alles in dem schönsten Dufte formt. Mein schweres Herz von seinen Leiden lösen könnt.

Ich sehne mich nach deinen Lippen, und danach, meiner Liebe in Taten Ausdruck zu verleihen.

Wählst du einen Strauß voll Dornen, anstatt einer Blume von mir.

Mit welcher Sünde muss ich die Strafe an mir ergehen lassen, dich nicht zu bekommen. Kann ich denn ein Leben lang so groß sündigen.

Der Liebe bin ich kleines Kind. Unerfahren und sich der Gefahren nicht bewusst. Bist du die Wunde oder die Heilung. Wie soll ich dieser Angst entgehn.

Ich laufe durch einen dunklen Tunnel, der endlos zu sein scheint. Durch den Tunnel des Lebens. Den Tunnel der Verzweiflung. Ich laufe, ohne irgend einen Grund. Ich weiß nicht warum. Vielleicht hoffe ich, am Ende des Tunnels ein Licht zu finden, welches das Licht deiner Seele und deines Herzens ist. Ich hoffe, dort deine Liebe zu finden.

Doch ich habe Angst. Angst, dass es kein Ende gibt. Dass ich deine Liebe nie bekommen werde. Dass das Ende des Tunnels, auch mein Ende wird. Was, wenn mein langer Lauf sinnlos ist?

Ein Leben ohne dich, wäre so sinnlos, wie das Atmen ohne Luft. Der Gedanke, dass ich deine Liebe nicht bekommen kann, zerreißt mich innerlich, so dass ich mir wünsche, nie auf dieser Welt, die ohne dich so wertlos ist, existiert zu haben.

Meine Liebe zu dir, wächst von einem Moment auf den anderen. Je mehr ich warte, desto mehr werde ich von dir abhängig. Desto größer wird die Ungeduld, und mit ihr, der Wunsch diese Welt zu verlassen.

Was würde ich nicht alles geben, um von dir das zu bekommen, was ich dir geben möchte. Was würde ich nicht alles machen, um einen Hauch dieses sonderbaren Gefühls von dir zu spüren. Letztendlich könnte ich damit nicht leben, mir deine Gefühle zu erkaufen. Es ist das selbe, als würde ich versuchen, sie zu erzwingen. Ich bin nur eine Seele ohne Bedeutung in deinem Leben. Wie eine einfache Karte im Kartenspiel. Seit kurzem denke ich, dass ich der Joker bin, der dich nur um deine Ruhe bringt. Du weißt es nicht, aber ich fühle es. Jeden Tag wird es schlimmer um mich. Ich kann mich nicht damit abfinden, dass mir dein Herz nie gehören wird. Es ist auch besser so, denn sonst hätte ich keinen anderen Grund hier zu bleiben. Die kostbare Luft, ohne die wir nicht leben können, zu verschwenden. Ich lasse dich nicht merken, dass ich dich liebe, denn deine Reaktion darauf, wie ich sie mir vorstelle, wäre wie ein tiefer Messerstich in meine Brust.

Wie seltsam ist doch nur dein Blick, und wie viele Gefühle kann er erwecken.

Einmal hatte ich das Vergnügen, deine Hand zu halten. Es war wertvoller, als ein Leben geschenkt zu bekommen.

Meine Zeit verbringe ich damit, in Gedanken über dich zu versinken. Mein Leben ist voller Wunden, und diese Gedanken helfen mir, mich aufrecht zu erhalten, und überhaupt da zu sein.

Ich befinde mich auf einem Zaun zwischen dem Hiersein, und dem Jenseits. Alles außer dir stoßt mich auf die andere Seite. Du hälst mich mit aller Kraft fest, doch wie lange ist diese Kraft von Dauer.

Vielleicht werde ich einmal, plötzlich aufhören zu träumen, und in die Realität sehen. So plötzlich, wie das Herz wenn es ermüdet ist. Dann werde ich auf mein Leben zurückblicken, in den letzten Momenten die mir verbleiben werden, und werde mich fragen, was es für einen Sinn hatte, und was ich in ihm erreicht habe. Eines weiß ich jetzt schon mit Sicherheit: ich werde keine Antwort finden.

Ich bin nur ein Träumer. Einer der für dich so unbedeutend ist. Der es nicht erträgt, dich nicht an seiner Seite zu haben, und Stück für Stück von ihm selbst verliert.

Was ist es, was mich an ihr so festhält, und sie gleichzeitig von mir abstößt? Warum verläuft auf dieser Welt nichts so, wie es den Wünschen eines Menschen entsprechen würde? Warum sind ausgerechnet meine Wünsche nicht zu erfüllen? Warum kann sie nicht das selbe für mich empfinden, was ich für sie empfinde. Wenn ich könnte, würde ich ein Stück meines Herzens in ihre Hand legen.

Warum lässt sie für mich die Sonne scheinen? Warum kann ich nur so schwer verstehen?

Was ist es, was es macht, dass ich mich zu ihr so hingezogen fühle? Warum kann ich ihr nicht zeigen, was ich für sie empfinde? Was hält mich auf? Eine menschliche Kraft ganz sicher nicht. Liegt es bei mir, oder bei ihr? Vielleicht liegt es an uns beiden. Warum kann ich es nicht verstehen? Es akzeptieren, dass ich für sie vielleicht der letzte auf der weiten Welt bin, den sie in der Wüste um einen Schluck Wasser bitten würde. Sehe ich zu ihr, so schaut sie weg. Für mich ist sie das vollkommenste Wesen, das Gott auf Erden geschaffen hat.

Ich muss wachsam sein, wenn sie zu mir spricht, um kein Wort von dem zu verpassen, was sie sagt, denn es könnte auch ein Wort vom Herzen dabei sein.

Jedes harte Wort von ihr, könnte mich wie eine Lavine begraben, wie eine hohe Welle überschwemmen, wie ein Vulkan verbrennen. Mit jedem Mal, mit dem sie sich von mir weg wendet, reißt sie ein Stück von meiner selbst weg. Ein scharfes Wort, reißt mich entzwei. Sie ist für mich der Sonnenschein. Sie ist für mich das Licht am Ende des dunklen Tunnels. Ich brauche sie mehr als die Luft und das Wasser. Mein Herz erbebt, wenn sie zu mir sieht.

Du bist es, die mir Kraft verleiht. Die den Frühling zu mir bringt, und die Sonne für mich scheinen lässt. Die die Vögel dazu bringt, ein Lied für mich zu zwitschern. Von der mein Dasein abhängt. Mein Leben liegt in deiner zärtlichen Hand umschlossen. Du bist es, die bestimmt wie lange ich noch lebe. Wenn du mich verlässt, sterbe ich.

Die Frage, warum ich mich zu dir so hingezogen fühle, lässt meiner selbst keine Ruhe. Und noch weniger die Erkenntnis, dass du nie das spüren wirst, was ich fühle, wenn du in meiner Nähe bist. Wie ist das Leben doch nur so ungerecht.

Dich in meinen Armen zu halten, wäre wie ein Glas Wasser für jemanden, der tagelang durch die Wüste geirrt ist. Wie warme Kleider für jemanden der friert, wie ein süßer Nektar für jemanden der hungert.

Dein Blick ist heftiger als alle Kräfte der Natur. Und umso gefährlicher, denn sollte man von ihm erfasst werden, so würde es den Untergang bedeuten, ihn wieder zu verlieren. Und mir kommt es vor, als würde ich langsam von deinem Horizont verschwinden.

Deine edle Hand zu halten, wäre dies mein Los, tät es mir an nichts im Le-
ben fehlen.

Alles was wir zum Leben brauchen, des Glückes Mal an sich trägt, liegt in der Natur. Die Sonne spendet Licht und Wärme, und von den Wolken tropft kostbarer Regen herab. Auf den Feldern wachsen unsere Ernten, und Blumen, die unsern Blick erfreun, deren Anblick aus manchem Menschen einen Dichter macht. Jedoch was noch in der Natur liegt, ist, dass zwei Menschen unterschiedlichen Geschlechts sich vereinen.

Ein Blick von dir ist wertvoller als alle Schätze dieser Welt. Mit dir kam der Sonnenschein, und das Lachen wurde geboren. Wenn ich eine Zeit lang dein hübsches Gesicht vor meinen Augen nicht sehen würde, so würde mein Herz nicht mehr zu schlagen vermögen. Wenn ich eine Zeit lang deine Stimme nicht hören würde, wüsste ich nicht, dass Vögel singen.

Wo find ich den Schlüssel zur Türe deines Herzens, um in seinen Garten zu gelangen. Wo find ich die Liebe, die ich seit meiner Reife gesucht.

Welch eine Freude fiel über mich her, als ich hörte, dass meine Worte dir gefielen. Du willst wissen von wem sie stammen, und vermutest sie sind von mir. Du irrst dich nicht.

Wie wunderbar ist nur dein seiden Haar, und wie lieblich deine dunklen Augen, so lieblich wie deine roten Lippen sind. Wie fühle ich nur, wenn du in meiner Gegenwart lächelst und Worte zu mir sprichst. Jetzt bin ich um eine Erkenntnis reicher geworden: Der Tod ist keine Erscheinung der Natur, die jeden trifft, sondern die Folge dem, wenn du aus seinem Leben trittst. Meine Liebe ist wie das All, das ständig wächst sich dehnt und breitet, nur von reicherer Größe. Ach Lydia, ich habe Angst, niemals diese Glut zu stillen, jedoch ich weiß, dass ich dich nicht liebe gegen deinen Willen.

Deine Schönheit lässt sich nicht in Worte fassen. Du bist schöner als alles was die Sonne von ihrem Aufgang bis zu ihrem Untergang erleuchtet. Du bist schöner als jeder Sonnenauf- und untergang. Wenn ich dich ansehe, bekomme ich weiche Knie, und habe das Gefühl, als würde sich der Erdboden unter meinen Füßen öffnen, und mich in die Tiefe reißen. In eine Tiefe ohne Ende.

Sonne leuchtet wieder in den Tag hinein, und erfreut mich ihrem Licht.

Schwarz waren mir die Tage, so dunkel wie die Nächte ohne Sterne sind.

Doch da sah ich dich, und mir ward Licht. Am Horizont ging mir die Sonne

auf, die vertrieb mit ihrem Schein, die düstre Finsternis.

Wenn du deinen Blick auf mich lenkst öffnet sich der Himmel. Es erzittert die Erde, das Meer fängt an zu sieden. Die Luft wird zu Feuer, und die Berge zu Staub.

Ich bin ein Sklave deiner Liebe. Gefangen von deiner Schönheit. Ich glaube in einem Meer zu treiben. Ich hoffe, dass mich die Strömung, die mich plötzlich weggerissen hat, eines Tages zu deinem Herzen führen wird. Ein Blick von dir ist wie eine riesengroße Welle, die alles und jeden wie eine Flut verschlingt, und ihn niemehr entkommen lässt.

Wenn ich deine Hand halte, schlägt mein Herz stärker als jedes andere auf dieser Welt.

Seit ich dich kenne bist du mein einziger Gedanke. Am Tag bist du mein Sonnenschein und in der Nacht das Glitzern der Sterne am dunklen Himmel.

Ein Leben ohne dich kann ich mir nicht vorstellen. Ich würde alles dafür geben, den Rest meines Lebens mit dir zu verbringen.

Ich bin auf dieser Welt herumgeirrt. Ich habe nicht gewusst, wonach ich suchte. Als ich dich sah, wusste ich sofort, dass ich es gefunden habe.

Zweiter Teil

Ich habe dich in meine Scheinwelt eingeführt, und dich zu ihrer Königin gemacht. Eine Welt, die durch meine Fantasie entstanden ist. Eine Welt, über die ich wache, und die mir niemand nehmen kann.

Wählte jeder Mensch auf Erden eine solch vergleichbare Welt, dann würden wir heute in Frieden leben.

Öffne du mir deine Arme, und mir öffnen sich die goldnen Tore des Himmels. Empfange mich mit deiner weiblichen Brust, und ich tat gefunden wonach ich im Leben suchte. Lass mich einmal deine Wärme spüren, und ich werde nie wieder frieren. Edle, zarte Lippen, befreit mich auf ewig von Hunger und Not.

Ich lieb' dich so, wie kein anderer könnt, doch flieht' ich davor dich zu berühren, denn es könnt mich der Zorn Gottes treffen. Als Schicksal, das ich täte mit meinen Lippen auf meine Seite rufen. So würd ich leichte Nächte schlafen, wenn ich wüsste, dass sein Segen über unsrem Bündnis ruhte. Und wenn's nicht so ist, so tät ich Gift von deinen Lippen nehmen.

Ich kann nicht ertragen wie dich deine falschen Freunde ohne Anstand behandeln. Ich verfluche sie der tausend Tode. Dich so niedrig zu schätzen, und mich damit im Verschlossenen zu verletzen.

Möge sich die Erde öffnen und all die ins heiße Feuer stürzen, die den Liebenden Dorn im Auge sind. Die die Liebenden bei ihren Zügen stören. Aus dem Reich der Sünde vom Teufel entsandte, die den Liebenden ihre wohlgesinnte Ruhe berauben. Möge Gott ihnen ihre schwarzen Seelen nehmen, oder sich ihrer erbarmen und sie mit hellem Licht erleuchten.

Die mich kennen, sollen Gott danken, dass er mir keine übergroße Stärke gab. Denn bricht einst die Wut in mir aus, vergess' ich wer ich bin und wer ich war.

Wieso kann dein Denken nicht dem meinen gleichen. Was könnt' dich dazu verleiten wie ich zu fühlen, und deine Leere für mich füllen. Gibt es einen Weg so würd ich nach ihm suchen, auch wenn es so schwer wäre wie eine verlorene Kette in der Wüste zu finden. Was tat dich dazu verleiten, plötzlich deinen Blick von mir zu wenden. Ich denke ständig nur noch an dich, und du findest kaum die Zeit um ein Wort mit mir zu wechseln, oder bin ich es nicht wert, um mit mir zu sprechen.

Kein anderer könnt dich so wie ich verehren. Wählst du nicht mich, dann mit Sicherheit den Falschen, früher oder später wird's dir kund. Ein schönes Bild des Äußern prägt die Jugend, doch wie's heißt ist sie vergänglich. Und wenn mit ihr die Schönheit vergeht, so stehen wir eines Tages in unsres Hauses Garten und sehen für wen wir unser Schicksal entschieden. So schau nur im Herzen eines Menschen, wenn du ein Urteil über ihn fällen musst. Doch wenn du in seinem Herzen schauen musst, so sieh in dein eigen rein.

Ich habe Angst. Angst allein zu sein. Wenn ich nicht mit dir durch mein Leben gehe, so mit keiner anderen, und bleibe ewig in Einsamkeit. Mir scheint, es ist schon so. Wenn ich am Morgen aufwache, und mich in den neuen Tag begebe, so möcht' ich, dass du an meiner Seite bist.

Ich verfluche die Welt dafür, dass du nicht so sein kannst wie ich möchte. Jetzt flieh ich in mich zurück, um der Trauer zu entkommen. Heiße Tränen meine Augen weinen, Verzweiflung fließt aus meines Herzens Wunde. Mein Verlangen ist nicht des Reichtums und des Ansehens, sondern nur nach deiner Liebe.

Jetzt erhellt es mir die Sinne. Kannst du nicht so sein wie ich möchte, so möcht ich so sein wie's dir gefällt, wenn das der einzige Weg zu deinem Herzen ist.

Warum zeigen deine Augen nicht das selbe wie früher, wo sie mich nicht kannten? Ist es meine Art, die sie dazu verleitet? Wenn's das ist, dann werd ich mich dir von einer anderen Seite zeigen. Es ist nur so, dass ich mich in dich unsterblich verliebte, und mich seitdem den Gefühlen in mir hingebe. Sei's drum, ich werde fortan die Gefühle in mir verbergen, und in anderen Worten mit dir reden. Ist dies der einzige Weg zu dir, bete ich zu Gott er möge deine Seele mit Himmelsglanz erleuchten, und sie in deinem herrlichschönen Antlitz zum Vorschein bringen.

Was tat ich denn so groß an Gutem, dass ich dich damit verdiente? Warum bin ich des Glücks von dir gekannt zu sein? Wieso ist der Himmel blau? Ist es denn ein Trug von dir, um dein Leben eines Lustigen zu gestalten? Gibst du mir die bloße Hoffnung, um dann zu sehen wie ich zugrunde geh? Ist es nur ein Spiel, dass du gewinnen willst, welches mich zum Tode bringt?

O blindes Geschöpf Gottes, merkst du denn nicht welch einen Fehler du begehst, wenn du dich von mir wendest?

O sag mir nur, wie du fühlst, damit mich rechter Sinn beseelt. Ich möcht nicht ewig hin und her mich hoffen, wenn das Schicksal mich schon längst von dir verwehte. Wenn ich weine, dann aus gutem Grund, und ebenso solls mir ergehen beim Lachen. Ich möcht nicht trauern und verlieren was noch mein ist. Ich möcht mir kein Glück einreden, denn sonst trifft mich dein hartes Wort zu schwer. Sagt ich je ein schlechtes Wort von dir, so nur um den Leid zu tilgen. Wenn's nicht wahr ist, so soll mich jetzt finden, was jeden bis ans Ende sucht.

Wenn du nur wüsstest wie schwer es für mich zu verstehen ist, dass du nicht das geringste für mich empfindest, wobei ich doch an den Gefühlen für dich ersticke. Ich werde meinen ganzen Mut zu einem fassen und um dich anhalten, auch wenn mir deine Antwort zum sterben zumute sein wird, werde ich dennoch nicht mit dem Gedanken leben müssen, ich hätt' die Gelegenheit zur Erfüllung meiner Träume verpasst.

Den Schlingen deines Blicks möcht ich nicht weichen, auch wenn sie mir den letzten Hauch vom Leben saugen würden. Ich hatte die Ehre, deine Hand eine Weile zu halten, und es war schöner als der Tag, an dem ich geboren ward.

Mit geschlossenen Augen würd ich dir folgen, und mein Leben für deines opfern.

Wenn ich eins von diesen Worten nicht meinen würde wie gesagt, so öffne diese Brust und dies Herz von ihr umschlossen reiß heraus.

Dass mich dein Blick wieder mit Golde schmückt, ist so sicher wie Vögel rückwärts fliegen. Doch es kam auch vor, dass im Sommer kalte Flocken aus den Wolken fielen, und wenn auch nur schwach, so scheint die Sonne noch im kalten Winter, des Frosts bestem Freund. Ich geb die Hoffnung noch lang nicht auf, dass nach einer langen Dürre, Lebenskraft mich beseelt und wüste Gebiete wieder blühn.

Oh geliebte Lydia, welch Gefühle nur in meinem Innern ihre Flügel kräftig schwingen, wenn ein Strahl von dir mich trifft und meinen Leib durchdringt. Meine Seele erleuchtet, meine Sinne erblenden. Sag, welch andrer könnt dir soviel Achtung heißen. Mich hungert nach deiner Liebe, willst du mir nicht gnädig sein?

Die Flamme des Feuers meiner Liebe, ist so stark, dass sie die ganze Welt in Asche verwandeln könnte, wenn sie mit ihr in Berührung käme. Wenn ich deine Liebe nicht bald bekomme, so werde ich sie nicht mehr unter Kontrolle halten können, und sie wird letztendlich mich selbst verbrennen.

Ich wünsche nicht die Welt zu beherrschen, oder ihren Ruhm und Reichtum zu erben. Ich wünsche nicht die Gewalt über die Natur. Ich wünsche nur, dich in meinen Armen, und das wäre die Erfüllung alles anderen. Doch es wäre leichter alles andere zu verlangen, anstatt dessen was ich verlange, wie mir scheint.

Ich bin nicht im Besitz von Gold und Silber, und ich strebe nicht danach es zu besitzen. Das einzige was ich habe sind meine Gedanken an dich, und für mich sind sie wertvoller als alles denkbare für einen Menschen. Ich kann dir nicht viel bieten, aber was ich kann, ist, dir die ewige Liebe zu versprechen.

Ich wünsche mit Wasser des tiefen Meeres meine Lungen bis an Rand zu füllen, um der Glut, die in mir brennt, den letzten, schmerzlich Hauch zu nehmen. Ich wünschte, die Erde würde mich verschlingen, und vom Himmel Blitze mich unter meines Hauses Trümmern begraben. Ich begreife, dass ich dich nicht aus meinem Herzen schließen kann. Blut quillt aus seiner Wunde unaufhörlich, die ohne dich nicht zu heilen vermag.

Bekomme ich von dir nichts entgegen, kann meine Glut nicht gelöscht werden. Ich habe Angst, dass die Begierde den Teufel in mir weckt. Ich habe Angst um dich selbst. Dass mich die Begierde zu Taten verleitet, die nicht zu entschuldigen wären. Dass ich Gewalt anwende und dich entführe. Doch vielleicht würdest du mich dann verstehen, und keine so große Abneigung zeigen. Vielleicht würdest du dann verstehen, wie sehr ich in meiner Einsamkeit leide.

Ich ahne schon deutlich, ich werd mich deiner, die ich so seelisch liebe, entsinnen müssen. Denn der dich nicht schätzt ist bei dir auf gutem Platze. Tauchen eines Tages dunkle Wolken am Himmel auf, so muss ich den Schmerz in mir verbergen. So werd ich des Lebens schwere Schritte milden, und am verhofften Tage, sterben in Einsamkeit.

Ich bemerkte, dass ich die ganze Zeit das Gefühl in mir liebte, und nicht dich selbst. Ich bin dir dankbar für die innere Ruhe, die mein Verlangen stillte.

Wo ich diese Zeilen schreibe, sitze ich im Bett eines Zimmers, des Hauses kranker Menschen, und bin froh, dass es kein solches ist, wo's ihnen im Geiste fehle. Ich bin glücklich, obwohl sich langsam der Gedanke in mir breitet, aus uns zwei könnt nichts werden. Dies zeigt mir, dass ich noch bei Sinnen bin.

Mir ward die Botschaft gebracht, du hättest mich zurückgewiesen, jedoch nicht zur Gänze. Ich würde nicht deines Schlages sein, obwohl mich dein Aug' willkommen heißt. Und ich kann es dir nicht übel nehmen, denn mich täuschte auch nur dein Schein. Hätte mein Herz das deine gefunden, so hätt ich dich nicht mehr losgelassen.

Ich wohne nun hoch, und nahe unter Wolken. Die Aussicht zeigt ein frohes Bild des Friedens.

Was nun, wenn die Botschaft, die ich hörte, nicht dem Sinn entspricht, den ich mir bilde.

Ich traure nicht um dich, doch tat dich lieben. Ich finde Trost in meinen Zeilen, die als einzige, egal was ich sagen mag, bis aufs Wort mir folgen.

Was noch von Wichtigkeit wäre, ist, dass ich dir als erster lebe wohl sagte, denn bevor ich hörte von deinem Entschluss, meiner stand schon fest, mit Tinte auf Papier, und wartete nur, von dir gelesen zu werden.

Die Hand will ich aus dem Feuer ziehen, und auf ein besseres hoffen. Denn es bleibt mir nichts zur Wahl. Mein Leben schreitet fort, und mit jedem Schritt bring ich Stärke in meine Brust. Einst wird mich meine Stärke der Schlingen Leids befreien. Der Knoten meiner Seele wird sich lösen, es ist nur eine Frage der heilenden Zeit. Wenn eines Tages der Sonne Schein durch die Dunkelheit dringt, wird ein neues Leben mir beginnen. Bis dahin bin ich bestimmt, sie mir aus dem Kopf zu schlagen. Eines Tages wird auch die Kerze meiner Trauer ihr Ende finden, wie meine Welle der Liebe das Ufer fand. Nicht mehr werd ich in die Tiefe sinken.

Mit erhobnem Haupt werd ich in die Zukunft blicken. Nie wirst du wieder Gefühle in mir wecken. Ich bleib dir nun verschlossen, wie das Buch der Bestimmung es dem Menschen ist. Wünschen wirst du dir, das Mädchen meiner Seite zu sein.

Und kommt zu mir der Tod, so warst es du, die ihn mir sandte.

Ich bete zu Gott er möge alles mir nehmen, mir nur deine Liebe geben.

Wird dies Gebet erhört, so find ich Trost bei dir für alle Opfer.

Wenn meine Liebe ein Meer wäre, so wäre die Welt ein einziger Tropfen in ihm.

Meine Liebe ist nicht wie der Schnee, der die Landschaft nur in Kälte prägt, und sobald dann der Frühling kommt, alles löst was er einst geformt.

Meine Liebe könnte ganze Berge aus Eis zum schmelzen bringen, dein Herz jedoch lässt sie kalt.

Fragen überhäufen meinen noch wohlgesunden Verstand. Erkanntest du die Botschaft meiner Post von neulich? Wie wirst du mich nachher sehen? Mit finstrem Blick, oder wirst du gesonnen zu mir kommen? Unverzeihlich, was ich dir hab vorgeworfen, mich bloß zu trügen. Ich wünsche der Sinn des Briefes würd an dir vorbeiwehn, und was du tätest in ihm erkennen, dich verleiten mich zu lieben.

In meinem Herzen ist Gefühl und keine Mut. Wenn ich könnte, würd ich es in deine Hände legen. Der Liebe bin ich Wirt geworden. In meinen Worten seh ich nur Betrüben, könnt es denn nicht anders sein?

Was für starke Qualen verursachen bloß diese Gedanken, die mich von Tag zu Tag wissen lassen, dass ich nie derjenige sein werde, dessen Hand du halten, der dich erobern wird. Jede Minute ohne dir ist wie die halbe Ewigkeit, und bringt nur Schmerz mit sich, da mich die Zeit, der sie angehört, glauben lässt, dass ein anderer in deiner Nähe ist. Dein Blick, wie ein Blitz entsandt vom Himmel, weckt so viele Gefühle in mir, dass ich kaum mehr zu Atmen vermag. Deine zarte Hand in meiner zu halten, ist wie ein lang ersehnter Traum, der in Erfüllung gegangen ist.

Ich, der ich deiner Schönheit zum Opfer gefallen bin, habe nun endlich ein Ziel, das ich nicht erreichen kann, da ich nie ein Teil von dir sein werde. Warum gabst du mir Hoffnung und nahmst sie mir gleich wieder! Warum ließest du mich glauben, die Zeit mit dir in Glück zu verbringen, wo es für dich nur eine Frage der Zeit war, bis du mir das Herz brichst. Vielleicht wäre es besser, wir wären uns nie begegnet. Doch daran will ich nicht denken. Wärst du mir nicht über den Weg gekommen, ich hätte das Vollkommene nie erblickt.

Hieltest du mich etwa wie eine abgebrochene Blume, die du kurz ansiehst, da sie dich erfreut, und wieder zu Erden wirfst.

Um Mitternacht zur vollen Stunde, warte ich vor deinem Fenster. Wenn du nicht erscheinst, so sind dies hier, die letzten meinen Worte an dich.

Dritter Teil

Wenn die dunkle Nacht mit ihrer Sternenpracht eine Decke über den Himmel zieht, und der letzte helle Schein der Sonne vom Horizont vertrieben wird, dann wach ich auf und stelle fest, dass der Traum es war, der mich der Wirklichkeit entriss.

So war ich nicht in deiner Nähe, obwohl es mir gar wirklich erschien, und ein gewaltiger Schmerz sticht durch meinen Leib, der mir verspricht, dass ich aufgewacht bin. Dem Schmerz eine Träne aus dem Auge folgt, aber nicht wegen ihm, sondern seines Gesellen, dem Leid.

Mögen deine Lippen heiß wie Feuer sein, und die meinen kalt wie Eis. So vermochte keiner außer mir, sie mit den seinen zu berühren.

Geliebte Lydia, welch Gefühle weckt nur dein Name in mir. Wie wär's um mich, wenn nun dein Schein mich priese. Die Erde würde mir erzittern, hielt ich deine Hand. Deines Blickes bin ich Gefangener geworden. In deiner Nähe blühe ich auf.

O meine Rettung in elender Not, o meine Heilung bei schwebendem Tod. O meine Sonne in dunkelster Nacht, o mein Mond umhüllt von Sternenpracht.

O Allmächtiger, der du wachst über uns im Himmel, führe mich zu meiner geliebten Lydia, und ich werde dir auf ewig dienen.

O du Schöpfer der herrlich glühend Sonne, hauch in meiner Liebsten Herz die Liebe, die mich erfreuen täte.

O du Schöpfer des Mondes und der Sterne, zeig mir den Weg zu ihrem Herzen.

O du Regierender von Tag und Nacht, mach dass unsere Seelen verschmelzen.

Seit dem Moment in dem du in mein Leben kamst, bin ich wie ein kleines Kind. Ich bin von dir abhängig geworden. Ich erkenne die Verlangen des Lebens nicht. Ihren Sinn und ihren Zusammenhang. Meine Hoffnung wird von Tag zu Tag schwächer, da ich nicht weiß, ob jemals das eintreffen wird, was ich mir so sehnlichst die ganze Zeit erhoffe. Ich bin bereit eine Ewigkeit auf dich zu warten. Dieses Leben jedoch, ist vergänglich und vergeht von Sekunde zu Sekunde. Ich werde mich an einen Ort begeben müssen, an dem ich ewig auf dich warten kann. Wo die Zeit keine Rolle spielt. Wo sich alle lieben. In der Hoffnung, dass auch du mich lieben wirst.

Wenn ich eine Chance unter Millionen hätte, so würde ich sie sofort ergreifen. Du gibst mir das Gefühl, als wäre ich der Letzte, dem du eine Chance geben würdest. Als wäre ich der Letzte auf der Welt, mit dem du einen kostbaren Augenblick deines Lebens teilen würdest.

Die Zeit, die ich an deiner Seite verbringen durfte, war die schönste Zeit, die man sich nur vorstellen kann.

Find ich in dir keine aufrichtige Liebe, die mich hält, so verbannte ich mich allen Seiten, und schloss die Tore des jenseits Gartens. Doch ist mein Platz gesichert im dunklen, heißen Reich der Sünde, wo ich nun fang an zu wohnen, denn meine Zeit hier ist abgetan. Und wenn sie mir verziehen wird, so nahm ich mir den Schlüssel durch den Tod, welcher kam durch meine Hand, und ist nicht beim Allmächtigen zu verzeihn.

Gott verhüte jeden vor dem Schmerz, der mich beschwert. Verwirrung ist die Königin meinem Denken. Auf allen Wegen gelang ich nur zum Gift. In geringen Mengen nehm ich ihn, so kann ich die Traurigkeit verdrängen. Jedoch verjagen kann ich sie nicht. Ich bin ihr Nest in dem sie heranwachsen mag. Kommt der Tag wo sie mich verlässt, weilst wieder du an meiner Seite.

Tag ein Tag aus wünsche ich mir, mit dir zusammen zu sein. Ein kleiner unschuldiger Vogel kam eines Morgens zu mir, und weckte mich mit seinem Liedchen als ich von dir träumte. Ich hatte den Wunsch zu weinen, weil ich nun wusste, dass es nur ein Traum war, und dass ich von nun an bewusst träumen würde. Das Lied des kleinen Freundes brachte mir eine Botschaft. Es verlieh mir das Wissen bewusst und real die Dinge um mich und dich zu sehen. Es war mir ohnehin schon klar, dass ich keinen Hauch von einer Chance hätte, die ich ergreifen könnte um einen Bruchteil meiner Gedanken zu verwirklichen. Aber ich wurde mir dank meines kleinen, in seiner Seele unverletzlichen Freundes auch über etwas anderes im Klaren: dass ich nie Kraft genug hätte, um dir meine Liebe zu beweisen. Das einzig schöne mit uns beiden sind meine Gedanken. Diese Gedanken, die mich quälen und ohne die ich nicht leben kann.

Du hast von meinen Gefühlen zu dir erfahren, und verlorst alles für mich, was einst in deinem Herzen wohnte. Zurück bleib ich, entmutigt und gebrochen. Zeit heilt Wunden, und vermag die meinen zu heilen. Solang ich nach ihm strebe, bleibt dein Herz für mich leer. Wenn meine Hoffnung erlischt, und die Empfinden sich lösen, dann wird der kühle Wind des Herbst, das Blatt des Glückes zu mir wenden. Bin ich nicht in Irre, wirst du mal fühlen, was mich jetzt betrifft. Und es sind keine schönen Gefühle. Keine solchen, die dich vor Kälte schützen, sondern solche, die dein warmes Blut gefrieren.

Schwarz und voller Dornen ist meines Lebens Los. Wo soll ich denn seinen Sinn suchen, um den Weg weiterzugehen. Welch Qualen umschließen eines Menschen Brust wenn ihm kund wird, das Mädchen, das er liebt, gab ihr Herz und ihre Seele einem andern. Ach wie schön ist doch das Ungewisse. In ihren Augen bin ich ein schwarzes Entlein, als sie würde ihr Schicksal mit einem anderen wählen, ist wie ein Kuss im Vergleich zur leidenschaftlichen Nacht.

Die Welle meiner Liebe hat nun das Ufer erreicht. Ich werde nie eine andere lieben, wie ich sie geliebt habe. Mein Herz wurde entzweigebrochen. Liebe war die Kraft mit der es schlug. Nun verspür ich keinen Druck in meiner Brust. Nun ist der Tag gekommen, an dem ich mir den Tod erbete. Im Leben flieht man vor dem Tod, oder man eilt ihm zu, wie ich es versuche. Wär ich vom tapfern Geist, würd dies meine letzte Stunde sein. In meinem Dasein ist nur Trauer. Mein Leben hat ohne dieses Mädchen keinen Sinn.

Tage sind mir wie die Nächte so dunkel. Der Schein der Sonne dringt nimmer zu mir durch. All das wofür ich einst tat beten, wurde vom Allmächtigen nicht erhört. Liebe ist nur Schmerz und Leid. Der Tod ist die Erlösung aller Liebenden. Ihr Schlüssel zum glückseeligen Reich.

Düstre Wolken verdecken meines Hauses Dach. Die Sonne stehlen sie mir weg. Den herrlich Glanz der Sterne kenne ich nicht mehr. Die Natur ist mein einziger Freund. Mir wär lieber ich wär des Lebens lang gekrümmt, als ich hörte ihre Antwort. Warum tat Gott mein Gehör mir nicht nehmen, bevor ich ihre Antwort hörte. Warum tat er das Augenlicht mir nicht löschen, bevor ich sie das erste mal sah. Des Glückes sind die Blinden und die Tauben, von Schmerz und Kummer befreit. Wie beneid ich sie bloß für das, was sie nicht können. Wie schön ist nur, dass sie so vieles nicht kennen.

Was tät ich machen ohne meine Worte, und die Feder, die sie schreibt.

Ich tat sie lieben, sie schätzen und ehren. Ich gab ihr mein Herz, und sie mir eine Rose. Eine Rose die ich nicht sehen, und ihren Duft nicht riechen mag. Die mir ihren Abschied brachte kund.

Bestraft sind wir Menschen, welche fühlen. Ist es denn zu fühlen ein solch Verbrechen? Kann die Strafe höher sein, da man sich wünscht den Tod herbei?

Freude liegt im weiblichen Geschlecht, da ich nichts von ihr habe.

Jetzt weiß ich wie die Dinge um mich stehen, und werd auf keiner falschen Hoffnung das Fundament meines Daseins gründen.

Mein Arm hat von einem Kampf eine Narbe. Ach, hätt ich sie nur von dem Kampf davongetragen, mit dem ich dich gewonnen hätte.

Würdest du mich im Inneren verletzen, so könnt ich einen leichten Abschied von dir nehmen, doch nicht einmal diesen gönnst du mir. So bleib ich ewig im Ungewissen, ob du mich nicht hättest gesehen mit deinem Herzen, anstatt mit deinen Augen vorbei.

Ist es denn der Adel, den du liebst? Ist es denn das Auge, mit dem du liebst?

Einst waren mir die Tage kalt und düster, doch dann tat der Frühling an meine Türe klopfen, und es warst du.

Einst war ich stark und voller Freude, jetzt bin ich nur schwach und gebrochen.

Brach ich das Gesetz des Himmels, wo ich meine Lippen mit deinen vereinte? Wär' ich an einem anderen Ort geboren, tät ich dich nicht trotzdem lieben? Bekomme ich das Feuer der Hölle zu spüren, weil ich deine Hand in meine legte? Bin ich es denn wert zu sterben, da ich meinen Blick auf dich lenkte?

Hätte ich denn eine Hoffnung, wenn sich mein Herz und meine Seele in einem anderen Körper befänden? Verdiene ich gerichtet zu werden, weil ich in deiner Nähe weilte? Wie große Strafe erwartet mich dafür, dass ich mit deinen Lippen sündigte?

O in deinen Augen sehe ich die Sonne scheinen, in deiner Nähe möchte ich ewig verweilen.

Am Tag freu ich mich über die dunkle, kalte Nacht, und in der Nacht über den hellen, warmen Tag. So freut mich nur, wenn die Zeit vergeht, die ohne dir so endlos scheint.

Würde sie mir nur so endlos erscheinen, wenn du bei mir bist.

Freut' ich mich einst über den Schein der Sonne, so bringt er mir heute nur Kummer und Schmerz denn schönes Licht.

Wenn der Künstler sein Lebenswerk vollendet, und kein Mensch den Ausdruck versteht, so folgt seinem Kummer der Tod, weil alles woran er einst so seelisch geglaubt, in Staub zerfiel. Wenn es mir gelingt, deine Schönheit durchs Gefühl in mir in Worte zu fassen, mit der Angst, dass ich ihr keinen richtigen Ausdruck verleihe, und du meine Worte dann nicht verstehst, oder einfach mit leichtem Sinn, keinen Wert dem gibst, woran ich glaubte, so halte ich dem Tod die Arme offen. Möge er sobald wie möglich kommen, und mich vom qualvollen Leid befreien, denn dies ist mein Los.

Dem Tode hab ich an die Tür geklopft. Weil ich nicht anders kann, lasten tausend Berge auf mir. Selbst der dunkelsten Nacht, folgt mit Gottes Willen der Tag. Jedoch, wenn ich nun schlaf', weiß ich nicht wann, und wo ich wieder erwach.

Bricht des Vogels Nest zu Boden, und sich das Küken nicht in rechte Lage bringen kann, so ist's sein Ende, wenn seine Mutter nicht bald zu ihm kommt.

Mein Herz geleitet von meiner Liebe zu dir, führt meine Hand Gedichte zu schreiben, wie ich sie dir am besten ausdrücken könnte.

Wenn in deinem Herzen Liebe für mich bestünde, so wie sie in meinem für dich wohnt, warum soll nicht gleich das Wasser im heißen Sommer gefrieren!?

Die Blume meiner Liebe hat nur noch ein einziges, verdurstendes Blatt. Fällt dies ab, wirst du mir nicht mehr sichtbar scheinen. Ist es dies was du wünschst? Du wiesest mich zurück, da ich dich liebte. Wirst du meine Liebe willkommen heißen, wenn es sie nicht mehr gibt.

Ich habe nichts denn ein Bild von dir, dass ich jeden Morgen und Abend im Schein der tiefen Sonne ansehen kann. Nur so behalt ich dich bei mir, wenn sich unsere Wege, die aneinander vorbeigehen, endgültig trennen.

Sollt eines Tages das Unmögliche einkehren, und mich ein Mädchen so sehr lieben, wie ich sie liebte, werd ich ihr den Rücken kehren.

Sollt sie eines Tages doch an meine Türe klopfen, werd ich sie nicht vor ihr verschließen, jedoch mit Vorsicht öffnen. Ich werd mich nie wieder blind auf meine Gefühle verlassen.

Die Antwort auf meine Frage an dich, ist so klar wie der Himmel an einem wolkenlosen Tag. Dennoch muss ich sie dir stellen, denn wie sollte ich sonst den Schmerzen des Zerrens in mir gerecht werden. Mit deiner Antwort haben sie einen Sinn. So sicher, wie der Mond den dunklen Nächten folgt, wird mein Herz in Stücke springen.

Sind die Engel, von Gott entsandt auf meiner Seite, wird eines Tages Licht ins Dunkel kommen.

Durch die Schönheit in dir, fällt mir das Denken, und das Atmen schwer.

Blick' ich auf meine Briefe zurück, so stelle ich fest, dass ich den selben großen Fehler beging, vor dem ich dich so oft warnte. Ich sah bloß auf deine äußere Pracht, nicht in dein Inneres. So täuschte ich mit meinem Auge, das Herz, das nun die Wunden davonträgt. Und lern ich nicht aus diesem Fehler, so wird er eines Tages meinen Untergang bedeuten, wenn dieser nicht schon eingetroffen ist.

Was ich von dir für den Abschied haben möchte, ist von deiner Seite ein bloßer Kuss. Für mich jedoch wäre er von so starker Wirkung, dass er dem Gifte glich, der den Tod am schnellsten mit sich brächte, und mich vom Kummer erlöste.

Selbst wenn du sie beantworten würdest, so ist meine Liebe so stark, dass nichteinmal ich sie zu ertragen vermag, geschweige denn du selbst.

Ich werde ewig in Einsamkeit leben, denn außer dir gibt es für keine Platz an meiner Seite.

Der Mond trat vor die Sonne her, und der Wind strich durch die Luft. Ich sah die Felder und bemerkt' wie sehr, ich dich brauche wie die Rose ihren lieblichen Duft.

Meinen Liebeshunger kann ich nicht stillen, die Macht von ihr entsandt nicht in die Knie zwingen.

O Allmächtiger, der Du meine Gebete nicht erhörtest. Ich glaube seelig an Dich, so erhör nun dieses, ich bitte Dich. Erlöse mich von diesem Kummer und schick den Tod ans Fenster mir. Ich sterbe lieber tausend qualvoller Tode, als ich lebe und trage diesen Schmerz in meiner Brust.

Ich sah ein, dass ich dich nur dann vergessen kann, wenn ich mich von dir fernhalte und dich nicht ansehe, und so schaute ich weg. Ich sah zum Himmel und schaute von ihm weg. Legte mich schlafen, die Nacht kam. Schaute zum Himmel, und schaute wieder weg. So sah ich ein, dass ich dich nie vergessen kann.

Ich verlor eine Träne, mit ihr die Hoffnung. Mein Mut erlöschte, die Liebe in mir zerging. Ich schloss sie ein; den Schlüssel verlor ich am tiefen Meeresgrund. So lass ich niemand herein und bleib vor allen sicher. Habe keine Angst, denn ich bin geschützt. Die Liebe in mir starb. Jedoch die Trauer ward geboren, die von mir Besitz ergriff.

Die Trauer, die mich ans Ende begleitet, ist mir nicht lieb. Jedoch bin ich zerstört, habe keine Kraft zur Wehr. So kann ich mich ihr hingeben, mit der Hoffnung zu entweichen. Welche Hoffnung? Etwa die, die ich mit der ersten Träne verlor.

Mit der ersten Träne, der viele folgten, die meine helle Seele ertränkten.

Die Träne war für dich.